SOUVERAINETÉ DE LA LOI

UNE

LOI ÉLECTORALE

BASÉE SUR LE MÉRITE

PARIS

E. PLON et Cⁱᵉ, IMPRIMEURS-ÉDITEURS

10, RUE GARANCIÈRE

1875

LOI ÉLECTORALE

La France est divisée par deux systèmes complétement opposés : le RADICALISME qui a pour base la souveraineté du nombre, et le LIBÉRALISME qui repose sur la souveraineté de la loi, et c'est entre ces deux systèmes que la question doit être tranchée.

Le radicalisme est la souveraineté du nombre sur le mérite, la naissance et la fortune. Le principe de l'autorité réside dans le peuple même, dans le suffrage des électeurs ; toutes les fonctions publiques doivent être données à l'élection par le peuple, et tout citoyen exerçant une fonction ne doit compte de ses actes qu'à ses électeurs seuls. Ce système sert de base à l'organisation de nos assemblées électives, les conseils municipaux et généraux et la Chambre des députés.

Le libéralisme est la suprématie de l'intelligence et du mérite personnel sur le nombre, la naissance et la fortune. La souveraineté réside dans la loi, que le chef du pouvoir doit faire exécuter. La loi est l'ensemble des principes, des règlements et des pénalités reconnus nécessaires pour assurer la grandeur et la stabilité des institutions sur lesquelles repose la nation. Les lois sont l'œuvre des divers pouvoirs dont l'origine et les attributions respectives sont fixées par la constitution. Les droits et les devoirs inhérents à toute fonction publique doivent être réglés par les législateurs. L'autorité nécessaire pour toute fonction est donnée par la loi, et c'est à elle seule que tout fonctionnaire doit compte de ses actes. Tel est le système sur lequel est fondée l'organisation de l'armée, du clergé, de la magistrature et des diverses administrations.

Ainsi donc, dans notre législation actuelle, pour les fonctions basées sur le mérite, la souveraineté, c'est-à-dire le pouvoir en dernier ressort, réside dans la loi; au contraire, pour les fonctions basées sur le nombre, la souveraineté réside dans le peuple, puisque tout membre d'un conseil élu, cassé par le chef du pouvoir exécutif pour désobéissance à la loi réglant ses attributions, est renvoyé devant ses électeurs, qui jugent en dernier ressort.

Or, est-il logique ou bien absurde que, dans la même nation, la souveraineté réside et dans le peuple et dans la loi, les institutions étant basées, les unes sur le nombre, les autres sur le mérite? C'est là une question capitale.

Je défie de prouver que cette différence est juste, raisonnable et bien faite pour éviter les conflits en assurant la logique dans les esprits, l'unité dans les choses de l'État et l'accord entre les citoyens. Les législateurs reconnaissant comme également justes deux systèmes complétement opposés, forcément la nation se divise en deux partis, les radicaux et les libéraux, chaque citoyen s'appuyant naturellement sur le principe le plus conforme à ses intérêts, les uns sur la souveraineté du nombre, les autres sur la suprématie du mérite.

Je défie de prouver que la stabilité des institutions sera assurée pour l'avenir. En effet, une constitution ne peut avoir de stabilité que si l'armée a intérêt à la défendre. Or, quel intérêt les officiers parvenus par leur mérite ont-ils à défendre une constitution basée sur le principe de la sou-

veraineté du nombre, sachant bien qu'une des conséquences logiques de l'application de ce principe serait
de faire donner les grades à l'élection ?

Jusqu'à ce jour, les événements ont démontré que dans
l'Assemblée nationale aucun parti n'est assez puissant pour
y dominer tous les autres, et qu'il est impossible de former une majorité réelle avec des expédients ou des demi-
mesures. Cette majorité ne pourra se faire que sur un
principe fondamental, chacun sacrifiant son ambition per-
sonnelle et le triomphe exclusif de son parti au bonheur
de la France. Avant de fonder une constitution, la pre-
mière question qui s'impose aux législateurs est de décider
où devra être la souveraineté ; et une majorité ne pourra
se former que sur l'une ou l'autre des deux propositions
suivantes :

« POUR TOUTES LES INSTITUTIONS LA SOUVERAINETÉ RÉSIDE
DANS LE PEUPLE.

« POUR TOUTES LES INSTITUTIONS LA SOUVERAINETÉ RÉSIDE
DANS LA LOI.

Les législateurs doivent choisir entre ces deux propositions, adopter la plus conforme à l'esprit national et
l'appliquer avec toutes les rigueurs de la logique.

Le système radical peut se défendre non-seulement en
théorie, mais encore par des exemples empruntés aux
plus grandes républiques de l'antiquité et de notre époque,
quoique cependant les exemples tirés de l'antiquité n'aient
rien de concluant ; car enfin, chez les peuples païens, les
travaux qui chez nous sont exécutés par la classe ouvrière
étaient confiés aux esclaves, et les citoyens qui prenaient
part aux affaires publiques étaient des hommes libres,
suffisamment intelligents pour exercer les professions *libé-
rales*, et non pas, comme avec notre suffrage universel,
des hommes incapables en grande majorité de se rendre

compte des choses de la politique. Si les législateurs croient que le radicalisme est conforme à notre esprit national et qu'il doit assurer la grandeur et la stabilité de nos institutions, ils doivent l'adopter, mais aussi l'appliquer rigoureusement dans la constitution entière, en changeant complétement l'organisation actuelle de l'État. Ils doivent être aussi logiques que le furent les radicaux après le 4 septembre en faisant donner à l'élection les grades dans l'armée, ils doivent faire donner toutes les fonctions publiques par le suffrage des citoyens. Mais si les législateurs trouvent que notre armée, que notre magistrature, que tous les grands services de l'État sont admirablement organisés, que les fonctions doivent être données au mérite par la loi et non pas à l'élection par le peuple, et qu'il ne faut rien changer à l'organisation générale de l'État, ils doivent être également logiques, et baser toutes les autres lois constitutionnelles sur le principe fondamental de cette organisation.

Ce principe libéral peut se formuler ainsi :

TOUT CITOYEN A LE DROIT DE PRENDRE AUX AFFAIRES PUBLIQUES LA PART QUE COMPORTENT SON INTELLIGENCE ET SON MÉRITE.

Tandis que le principe radical est le suivant :

AUCUNE DISTINCTION NE DOIT EXISTER ENTRE LES CITOYENS D'UNE MÊME NATION, QUI TOUS ONT LE DROIT DE PRENDRE LA MÊME PART AUX AFFAIRES PUBLIQUES.

Vouloir baser la constitution d'un même peuple sur deux principes aussi contraires est absurde.

Les conservateurs, qui accusent le parti radical d'être la cause du malaise qui les torture, font erreur en prenant l'effet pour la cause. La véritable cause de notre crise est dans la loi, et il faut accuser de nos maux les législateurs qui ont admis et admettent encore le principe de la sou-

veraineté du nombre. Ce principe seul est la cause pre-
·mière. de notre situation critique, et le radicalisme n'en est
que la conséquence naturelle. Du moment que les législateurs admettent le principe de la souveraineté du nombre,
les seuls gouvernements possibles sont la République
radicale ou l'Empire, et beaucoup d'électeurs, convaincus
que ce principe ne peut qu'entraîner la France à sa ruine,
sont forcés de choisir entre le radicalisme que veulent
faire triompher les ouvriers qui désirent profiter du pouvoir que leur donne la loi, et le despotisme impérial,
auquel les autres ouvriers demandent l'ordre et la tranquillité. Les radicaux, qui voudraient que toutes les lois
fussent basées sur le seul principe de la souveraineté du
nombre, principe admis par les législateurs, sont parfai-
tement logiques; mais, par contre, le parti impérialiste ne
l'est pas, car sa politique consiste à proclamer ce principe
et à en combattre despotiquement les conséquences natu-
relles. Sous l'Empire, le pouvoir en dernier ressort existait en réalité, pour la plus grande partie des institutions,
dans la loi, qui était l'œuvre commune du pouvoir exécutif,
du conseil d'État, du Corps législatif et du Sénat; ainsi des
divers pouvoirs auxquels appartenait le droit de faire les
lois, un seul était électif, et la volonté populaire était si
peu la loi suprême que les radicaux qui, dans leur logique,
demandaient l'application du principe de la souveraineté
du nombre, étaient déportés.

Dans l'Assemblée nationale actuelle, le principe de la
souveraineté du peuple, proposé par M. Raoul Duval, a
été repoussé, et si la question était nettement posée entre
la souveraineté du peuple et la souveraineté de la loi,
entre le nombre et le mérite, le principe libéral rallierait
certainement une majorité homogène; il serait alors facile
au Maréchal de choisir dans cette majorité un ministère

qui aurait pour mission bien définie de baser la constitution entière sur ce seul principe.

Le principe de la souveraineté du nombre met les droits de l'homme au-dessus de ceux de la société; au contraire, la loi étant souveraine doit réglementer les droits et les attributions de chacun, en subordonnant les droits de l'homme à ceux de la société, et en ayant pour but unique la prospérité et la grandeur de la nation. Pour atteindre ce but, la loi doit exiger de tout citoyen voulant prendre part aux affaires publiques, de l'électeur comme de tout autre fonctionnaire, trois qualités indispensables : LA CAPACITÉ, LA DIGNITÉ, L'OBÉISSANCE.

La preuve de capacité pour la fonction d'électeur pourrait être, non pas la position de famille, encore moins la position de fortune, mais bien la position acquise par le mérite personnel.

La preuve de dignité serait garantie par les divers tribunaux et conseils de discipline.

Tout électeur devrait l'obéissance aux règlements qui existent d'ailleurs dans la législation actuelle pour assurer l'exactitude et la moralité des élections.

Le choix des positions donnant droit à la fonction d'électeur devrait être fait avec un esprit de justice tel qu'aucune classe sociale ne soit avantagée. La Révolution française est essentiellement sociale, elle ne sera terminée que le jour où la loi établira l'égalité entre les diverses classes de la société, en évitant surtout de créer le moindre antagonisme entre elles. Tout homme possède trois positions bien distinctes : sa position de famille, de fortune et la position acquise par son mérite personnel. Si la loi ne tient aucun compte de l'une quelconque de ces trois positions, et si les droits politiques sont donnés au nombre, la classe la plus nombreuse, le peuple, est avantagé. Lorsque les droits politiques sont donnés à la naissance, à la position de famille, la noblesse est privilégiée; s'ils sont donnés à la richesse, à la position de fortune, les priviléges sont pour la bourgeoisie. Si la loi donnait certaines fonctions au nombre et d'autres à la richesse, l'antagonisme régnerait entre les classes sociales, car les fonctionnaires étant élus, les uns par le peuple, les autres par la bourgeoisie, auraient à défendre les intérêts opposés de deux classes hostiles. Mais si les droits politiques étaient donnés au mérite, à la position acquise par le mérite personnel, le pouvoir serait dans les mains de tous ceux qui en seraient capables et dignes dans le peuple, dans la bourgeoisie et dans la noblesse, et aucune classe sociale ne serait plus avantagée. Cependant, avec l'état d'irritation actuel des esprits, les législateurs doivent s'attacher à ne pas favoriser une classe de la société par le choix même des positions donnant le droit d'électeur. Par exemple, si, pour les anciens militaires, le droit d'électeur était donné seulement à partir du grade d'officier, la bourgeoisie semblerait être avantagée; si, au contraire, la loi descendait jusqu'aux caporaux inclusivement, l'avantage serait pour le peuple; en comprenant dans le collége électoral les officiers et les sous-officiers, je crois que l'égalité existerait entre les classes sociales. C'est là un exemple qui pourrait servir de terme de comparaison pour les diverses professions.

Afin de ranimer une grande force sociale qui tend à disparaître, mais qui a joué le plus grand rôle dans les siècles passés, l'esprit de corps, la loi devrait tenir compte des usages établis dans chaque profession séparément, en basant sur la hiérarchie reconnue dans chacune d'elle les droits des citoyens. Aujourd'hui, la seule hiérarchie qui existe réellement dans notre société est celle de la position acquise par le mérite personnel; la loi en maintiendrait le respect en basant sur elle les droits politiques.

Les diverses positions dues au mérite peuvent se diviser en trois classes principales. Ainsi le collége électoral comprendrait :

1º Tous les citoyens ayant un grade, titre, brevet ou diplôme.

Ce seraient, par exemple : les anciens officiers et sous-officiers de l'armée active et de la marine, les officiers et sous-officiers des réserves ; les membres du clergé, tous les fonctionnaires et employés de l'État; les citoyens ayant obtenu un diplôme quelconque; les élèves des écoles du Gouvernement, de l'industrie, du commerce et de l'agriculture; les élèves des beaux-arts et des conservatoires, les artistes admis au Salon, les membres de la Légion d'honneur et les médaillés de toutes sortes, etc.

Pour déterminer cette classe d'électeurs, on ne rencontrerait aucune autre difficulté qu'une nomenclature à établir. Dans les diverses administrations de l'État, la hiérarchie est aussi officielle que dans l'armée. Il est possible de déterminer dans chacune d'elles à partir de quelle position le droit d'électeur serait donné.

2º Tous les citoyens ayant obtenu une position quelconque par le suffrage de leurs concitoyens.

Ce seraient les conseillers municipaux et généraux, etc.

Là encore on ne rencontrerait pas d'autre difficulté qu'une nomenclature à établir.

Peut-être pourrait-on comprendre dans le collége électoral tous les hommes occupant une position dans la hiérarchie des associations créées dans un but d'humanité ou d'utilité publique, mais ces associations devraient être approuvées par l'Assemblée nationale.

3º Les hommes occupés dans les affaires, les commerçants, les industriels, les agriculteurs et les employés.

Pour déterminer le choix de ces électeurs, on pourrait procéder de la façon suivante : Après avoir établi la nomenclature de toutes les professions honorables, il serait fait une étude distincte pour chacune d'elles en particulier. Dans certaines grandes administrations, telles que les compagnies de chemins de fer, la hiérarchie est aussi bien déterminée que dans les administrations de l'État. Le travail ne présenterait donc pas de difficulté.

Dans chacune des autres professions il existe une hiérarchie qui, pour n'être pas officielle, n'en est pas moins admise par tout le monde et facile à définir par ceux qui exercent cette profession.

Cette hiérarchie se compose des patrons et des employés.

Le choix des patrons serait soumis aux règles du régime censitaire, avec cette différence qu'il ne suffirait pas d'être propriétaire, ce qui n'est pas une preuve d'intelligence, mais il faudrait être personnellement occupé dans les affaires.

Ainsi, serait électeur tout citoyen payant la patente déterminée pour la profession qu'il exerce ou régissant une propriété payant un chiffre fixé d'impositions.

Pour les employés, comme ce sont des hommes d'affaires, on pourrait admettre l'usage le plus répandu dans les affaires, usage qui est la base même du crédit, et qui repose sur un grand sentiment, la confiance. On ne pourrait qu'élever ainsi l'esprit politique et moral de la nation. Il consisterait à exiger de tout employé qui voudrait se faire inscrire sur la liste électorale de se faire présenter par son patron, et de faire garantir par deux signatures qu'il est bien dans les conditions définies par la loi. En face du nom de l'électeur on afficherait les noms des notables qui l'auraient présenté, de telle sorte que les abus qui pourraient se commettre ne seraient pas imputés au Gouvernement, mais aux notables qui auraient affirmé que l'employé était dans les conditions légales.

Ce travail peut paraître compliqué au premier abord, parce qu'il embrasse un grand nombre de professions différentes; mais pour chacune d'elles prise séparément, l'étude ne serait pas très-difficile, elle exigerait surtout le plus grand tact et un grand esprit de justice.

La pratique serait des plus simples. Chaque citoyen saurait facilement quelles sont, dans la profession qu'il exerce, les positions donnant droit à la fonction d'électeur; et pour se faire inscrire sur la liste électorale, il n'aurait qu'à présenter son titre, brevet ou diplôme, sa patente, ou le chiffre des impositions payées par son exploitation, ou bien un certificat d'employé mentionnant sa position, signé par son patron et par deux notables.

Plus le collége électoral est restreint, plus la loi doit en écarter impitoyablement tous les hommes qui ne sont pas d'une grande honorabilité. Presque chaque profession est soumise à la surveillance non-seulement des tribunaux ordinaires de l'État, mais encore d'un tribunal spécial ou conseil de discipline; ce qui offre des garanties suffisantes pour la loi électorale.

Le collége électoral étant ainsi composé des hommes intelligents et honorables de la bourgeoisie et du peuple, la Chambre des députés représenterait les intérêts de l'un et de l'autre, et comme le Gouvernement doit agir d'accord avec la Chambre, il serait obligé de protéger également les droits et les intérêts de chaque classe sociale.

Le despotisme ne serait plus à craindre. En effet, l'expérience démontre que, lorsqu'une classe sociale est avantagée par la loi, elle veut en profiter pour se soustraire aux charges publiques, et les faire peser sur les autres classes, qui cherchent alors à se révolter pour ne pas subir cette injustice. Un gouvernement est despotique, lorsque s'appuyant sur une seule classe sociale et sur l'armée, il opprime le reste de la nation. Donc, si la loi n'avantageait aucune classe de la société, le Gouvernement ne pourrait pas être despotique.

Dernièrement, un des plus grands orateurs du parti radical affirmait dans le même discours que l'homme est fait d'intérêts et de passions, et que le suffrage universel ne peut qu'assurer l'entente entre les prolétaires et les bourgeois; ce raisonnement me semble impossible à admettre, car nous voyons journellement les candidats radicaux répéter aux électeurs prolétaires qu'ils sont la force, puisqu'ils sont le nombre, et afin d'obtenir leurs suffrages, les flatter uniquement dans leurs intérêts, leurs passions et leur haine contre la bourgeoisie. Il est d'ailleurs naturel que le peuple veuille profiter du pouvoir que lui donne le suffrage universel, en abolissant les armées permanentes et en établissant l'impôt progressif; et qu'on ne dise pas qu'en voulant se soustraire autant que possible aux charges publiques, le peuple fait preuve de décadence, car il suit l'exemple donné successivement par la noblesse avant 89 et par la bourgeoisie avant 48. Les législateurs admettant la souveraineté du nombre, le seul parti logique avec le principe fondamental de la loi est le parti radical, et la conséquence logique du suffrage universel est le despotisme du peuple. N'est-il pas plus juste de baser les lois sur le mérite et les vertus que sur le nombre et les passions, d'établir l'égalité entre les classes sociales et d'empêcher par là même tout despotisme?

Ainsi serait résolu le problème de l'alliance de la liberté et de l'autorité. Liberté de conscience, d'opinion, de toutes choses enfin concernant la vie privée, mais obéissant à l'autorité légale pour toutes les actions relatives aux affaires publiques. Avec le suffrage universel le Gouvernement ne peut pas être impartial, parce qu'il est forcé d'agir par intimidation sur les électeurs, dont la plus grande masse, incapable de raisonner, ne se laisse entraîner que par les promesses ou les menaces. Les principaux moyens d'intimidation sont la nomination des maires et la révocation des fonctionnaires ou le refus de leur donner l'avancement dû à leurs services, lorsqu'ils appartiennent à une opinion différente. C'est là une des grandes causes de l'acharnement des partis, et tout homme dont la fortune dépend du triomphe de l'un d'eux doit s'acharner dans les luttes politiques. Mais lorsque des maires ou des fonctionnaires qui ont fait leur devoir, sont cassés à cause de leurs opinions, par cela même des partis entiers, des millions de citoyens sont mis hors la loi, et l'ordre est impossible à maintenir avec des mesures aussi vexatoires. Ces mesures sont nécessaires avec le suffrage universel ; le Gouvernement actuel les emploie aussi bien que celui du 4 septembre et de l'Empire ; c'est la conséquence forcée de l'incapacité des électeurs. Au contraire, si le collége électoral ne comprenait que des hommes suffisamment instruits pour choisir les députés avec discernement, tous ces moyens d'intimidation n'auraient plus leur raison d'être, car ils seraient sans effet sur les électeurs, et le Gouvernement ne devrait plus exiger de tout fonctionnaire que les qualités indispensables ; capacité, dignité, obéissance. Alors, le Gouvernement ne basant plus aucune distinction sur les opinions, les luttes politiques existeraient dans la nation, sans y créer des divisions plus grandes que celles qui existent aujourd'hui dans l'armée où la loi ne tient aucun compte des opinions personnelles.

Le Gouvernement, n'étant plus despotique, pourrait faire respecter l'autorité, ce qui lui est impossible avec le principe de la souveraineté du nombre. Actuellement nous voyons en effet des membres de conseils élus entrer en lutte avec le pouvoir exécutif, parce que leur autorité leur vient des électeurs ; ils peuvent être cassés, mais ils sont certains d'être renommés à une plus grande majorité ; c'est même là pour beaucoup un moyen vulgaire d'arriver à la popularité. Toute idée de l'autorité se perd avec ces théories, qui aboutissent à l'anarchie. Au contraire, avec le principe de la souveraineté de la loi, l'autorité du Gouvernement serait respectée. Dans l'organisation si complexe d'un État, toutes les fonctions ne peuvent pas s'obtenir de la même manière : les unes sont données au concours, d'autres s'obtiennent par voie hiérarchique, d'autres enfin, qui consistent à régir les intérêts des citoyens, sont données par les citoyens eux-mêmes ; mais quel que fût l'origine de la fonction, celui qui en serait revêtu tiendrait son autorité de la loi seule, et le chef du pouvoir devrait le punir ou le casser, s'il ne remplissait pas les conditions indispensables, capacité, dignité, obéissance. Je crois que tous les citoyens, faisant partie d'une commune, sont suffisamment capables pour choisir avec discernement les membres du conseil municipal ; les conseillers municipaux pourraient donc être élus par le suffrage universel. La décentralisation, qui est impossible avec le principe de la souveraineté du nombre, ainsi que le démontre l'expérience du Gouvernement actuel, de celui du 4 septembre et de l'Empire, serait une des conséquences forcées de l'application du principe de la souveraineté de la loi, car les maires ne devant plus être choisis par des considérations politiques, devraient être nommés par les conseils municipaux ; mais tous les membres des conseils élus devraient obéir à la loi réglant leurs attributions, ils seraient maintenus dans cette obéissance par des tribunaux déterminés, et en cas de désobéissance aux lois, ils devraient être punis ou cassés par le chef du pouvoir exécutif; et comme la loi ne doit pas recevoir d'affront, tout membre d'un conseil élu qui aurait été cassé devrait perdre son droit d'éligibilité, de même que tout autre fonctionnaire cassé ne peut plus rentrer dans le corps dont il faisait partie.

Afin de bien comprendre combien il y a loin d'une sage décentralisation à l'anarchie que nos législateurs ont introduite dans chacune de nos communes, en mettant le suffrage des électeurs au-dessus des lois, et en faisant de chaque collége électoral un État dans l'État, il suffit d'étudier comment la décentralisation est comprise aux États-Unis d'Amérique.

Je crois qu'il faut bien se garder de vouloir introduire en France des législations étrangères qui conviendraient mal à notre esprit national et à notre situation politique, et je ne suis pas de ceux qui ont pour les États-Unis une admiration extrême. « *Quand l'Amérique sera remplie d'habitants, elle aura besoin d'une dictature militaire.* » Telle est d'après M. le baron de Hübner l'opinion des Américains eux-mêmes; cependant une des grandes causes de la vitalité de l'Amérique est dans la liberté communale, et si nos législateurs doivent s'inspirer de la législation américaine, c'est bien dans la manière de comprendre la décentralisation.

Voici à ce sujet les réflexions de l'un des ses plus grands admirateurs, M. Alexis de Tocqueville :

« *Il n'est pas au monde un pays où la loi parle un langage aussi absolu qu'en Amérique...*

« *Dans les États de la Nouvelle-Angleterre le pouvoir législatif s'étend à plus d'objets que parmi nous, le légis-*

lateur pénètre en quelque sorte au sein même de l'admi-
nistration, la loi descend à de minutieux détails, elle
prescrit en même temps les principes et le moyen de les
appliquer, elle renferme ainsi les corps secondaires et
leurs administrateurs dans une multitude d'obligations
étroites et rigoureusement définies.

« Il résulte de là, que si tous les corps secondaires et tous
les fonctionnaires se conforment à la loi, la société pro-
cède d'une manière uniforme dans toutes ses parties...

« Les peuples qui introduisent l'élection dans les rouages
secondaires de leur gouvernement sont donc forcément
amenés à faire un grand usage des peines judiciaires
comme moyen d'administration...

« ... Qu'on y prenne bien garde, un pouvoir électif qui
n'est pas soumis à un pouvoir judiciaire échappe tôt ou
tard à tout contrôle ou est détruit. Entre le pouvoir central
et les corps administratifs élus, il n'y a que les tribunaux
qui puissent servir d'intermédiaires. Eux seuls peuvent
forcer le fonctionnaire élu à l'obéissance sans violer le
droit de l'électeur.

« L'extension du pouvoir judiciaire dans le monde poli-
tique doit donc être corrélative à l'extension du pouvoir
électif. Si ces deux choses ne vont pas ensemble, l'État finit
par tomber en anarchie ou en servitude.

En Amérique, la cour des sessions, composée de juges
de paix, nommés par le gouverneur, est chargée de maintenir la commune elle-même et ses fonctionnaires dans le
respect des lois générales de l'État; dans notre organisation il n'existe rien de semblable, c'est un rouage qui
manque, mais qui doit être créé, car il est indispensable
pour la garantie de nos libertés.

Un grand nombre des ouvriers verraient supprimer le
suffrage universel sans se plaindre (1) lorsqu'il leur serait

bien prouvé que la loi ne donne de privilége à personne, et qu'auprès d'eux des nobles et des riches ne seraient pas électeurs. Du reste, leur rôle dans les élections n'a rien qui les séduise, et beaucoup, fatigués d'être tiraillés en tous sens par les promesses et les menaces, ne veulent plus aller voter pour des candidats dont ils ne connaissent ni le nom ni les opinions. Mais tous les ouvriers tiennent à leurs libertés communales, tous veulent prendre part aux affaires de la commune, car là il s'agit d'intérêts et d'hommes qu'ils connaissent. Il n'y aurait pas à craindre de révolte dans le peuple, si les législateurs réglementaient la loi électorale politique d'après le mérite personnel, mais à la condition de donner aux libertés communales sagement comprises la plus large extension.

La loi électorale municipale serait ainsi bien distincte de la loi électorale politique, car les mêmes conditions ne peuvent pas être exigées pour prendre part aux affaires de la commune et à celles de l'État. Il est nécessaire pour la prospérité générale que l'esprit communal soit aussi puissant que possible. Avec une double loi électorale, politique et municipale, tous les citoyens seraient admis à prendre aux affaires publiques la part que comportent leur intelligence et leur mérite. Il n'y aurait à redouter aucune oligarchie, puisque personne ne serait exclu de cette participation, et le Gouvernement, s'appuyant sur toutes les intelligences et les résumant en lui, pourrait mettre à exécution les grandes idées de libéralisme et de décentralisation qui sont dans les esprits, mais qui sont impossibles avec le suffrage universel.

Le Gouvernement serait basé sur la raison et sur la conscience. Sur la raison, puisque les électeurs seraient capables de raisonner leurs votes ; sur la conscience, puisque rien n'est plus juste, plus conforme à tous les sentiments de la conscience que de donner les fonctions, les récompenses et les honneurs à ceux qui les méritent. Afin de démontrer combien la souveraineté de la loi est plus juste que la souveraineté du nombre, il suffit d'établir la comparaison entre le suffrage à deux degrés et le suffrage restreint par la loi d'après la compétence et le mérite personnel. Supposons qu'on fît nommer, dans le suffrage à deux degrés, l'électeur par vingt citoyens, il y aurait parmi eux plus de quinze ouvriers qui choisiraient naturellement celui qui les flatterait le plus dans leurs intérêts et leurs passions, et non pas le plus méritant. Ainsi, la bourgeoisie serait à la merci des ouvriers et les hommes les plus distingués pourraient être écartés du collége électoral, tandis que les plus vulgaires en feraient partie. N'est-il pas beaucoup plus juste que la loi admette dans le collége électoral tous ceux qui en sont dignes et capables, et que chacun puisse conquérir son titre d'électeur par son propre mérite, et non pas en briguant, par des procédés plus ou moins avouables, le suffrage de ses voisins? Chaque électeur, qui aurait ainsi conquis son titre par son mérite, aurait tout intérêt à faire les choix les meilleurs pour assurer la prospérité dans ses propres affaires et pour soutenir la loi qui lui donnerait cette distinction dont il serait fier.

Une noble émulation exciterait alors les citoyens qui voudraient prendre part aux affaires publiques. Le titre d'électeur n'étant plus donné au hasard, ni à la richesse, ni au nombre, mais seulement au mérite, le moral et l'esprit de la nation ne pourraient que s'élever tous les jours. On ne verrait plus, comme aujourd'hui, le pays avili par les promesses des uns ou exaspéré par les menaces des autres. Le pouvoir est dans les mains d'une masse ignorante, les uns font appel à ses passions, les autres veulent l'intimider et comptent sur sa lâcheté ; à quel excès de honte ses législateurs veulent-ils donc entraîner la France? Ces procédés deviendraient impossibles vis-à-vis d'électeurs plus instruits. Pour être élu, il faudrait prouver qu'on est capable de défendre les intérêts de son pays ; les effrontés laisseraient la place aux hommes de talent ; et lorsque le pouvoir dépendrait de tels hommes, la France serait bientôt encore à la tête de la civilisation.

Cependant, il existe entre les diverses parties de la société des sentiments de méfiance tels que beaucoup de conservateurs préfèrent le suffrage universel au suffrage restreint d'après le mérite personnel, parce qu'ils redoutent les hommes exerçant les professions qui ont eu à souffrir dans leurs intérêts et dans leur amour-propre sous les régimes antérieurs. Ils prétendent qu'ils ont encore de l'influence sur les paysans, soit par leurs menaces, soit par leurs promesses, tandis qu'ils n'en auraient aucune sur des hommes plus instruits. Ces sentiments sont très-répandus dans les classes élevées de la société; ils sont le résultat naturel des luttes qui ont précédé nos diverses révolutions. Certains redoutent plus ou moins une profession différente, les uns les maîtres d'école, les autres divers employés, ou bien les avocats ou les avoués, etc. ; j'ai même connu un excellent homme qui regardait le corps des médecins comme ennemi de la société, et qui préférait voir leur influence politique noyée dans le suffrage universel, que possédant une importance même très-petite dans un collége électoral restreint; cette opinion était encore la conséquence de la lutte contre les capacités. Et puis, beaucoup de gens ont dans le fond du cœur l'espoir de voir la classe sociale à laquelle ils appartiennent revenir au pouvoir et opprimer les autres ; ce serait là, suivant eux, le seul moyen d'assurer l'ordre dans la nation. Les choses n'iront bien, disent certains gentilshommes, que le jour où la hiérarchie sera rétablie entre les classes sociales et que la noblesse aura repris l'influence qu'elle doit légalement exercer; quelques-uns espèrent même que cet état de choses sortirait d'une catastrophe. Que de bourgeois rêvent encore l'ordre par le règne de la richesse! Seuls, à leur avis, ceux qui possèdent ont intérêt à la prospérité de la nation. Pour les radicaux, au contraire, le bonheur de la France ne peut exister que par la loi du nombre. Eh bien, avec le suffrage universel, tous peuvent espérer voir leurs rêves se réaliser, tous, depuis le parti qu'on a spirituellement appelé le parti de la catastrophe jusqu'aux plus fougueux révolutionnaires. Tout est possible, tout peut arriver; c'est l'incertain, une loterie où les chances ne sont pas égales, mais enfin où l'on peut espérer. Mais en exigeant uniquement de tout électeur la capacité et la dignité, avec un tel collége électoral aucune classe sociale ne pourrait plus dominer les autres, cet espoir serait perdu. La loi doit être au-dessus de ces rivalités et de ces ambitions misérables, elle doit également flatter dans ses intérêts et dans son amour-propre chaque profession honorable, de telle sorte que chacune contribue dans ses moyens à la prospérité publique, car toute profession tenue en suspicion par la loi lutterait contre elle et nuirait d'autant à la tranquillité et à la grandeur de la nation. La loi a une confiance absolue dans tous les hommes instruits et honorables pour leur confier les fonctions les plus délicates; pourquoi se méfier d'eux pour leur donner le droit de vote? Ce sont ces méfiances qui font naître les rancunes et les luttes. Je le répète, le plus grand nombre des hommes faisant partie des hiérarchies des diverses professions auraient tout intérêt à choisir les députés les plus capables d'assurer la prospérité dans leurs affaires et de soutenir la loi et le Gouvernement qui leur donneraient une distinction dont ils seraient fiers.

Une grande nation ne peut pas s'organiser sur des expédients ou des demi-mesures, il faut que les institutions reposent sur des principes. Or, les principes ne sont qu'au nombre de quatre : la suprématie de la naissance, qui donne le pouvoir à la noblesse ; la suprématie de la fortune, qui donne le pouvoir à la bourgeoisie ; la souveraineté du nombre, qui donne le pouvoir au peuple ; la suprématie du mérite, qui donne le pouvoir à tous ceux qui en sont capables et dignes dans le peuple, dans la bourgeoisie et dans la noblesse.

Les institutions reposant toutes sur un seul et même principe, celui de la souveraineté de la loi, de la suprématie de l'intelligence et du mérite personnel, la logique et l'unité régneraient forcément dans les choses de l'État. Une des grandes causes de division entre les citoyens disparaîtrait, car l'expérience démontre que le pays se divise toujours en autant de partis que la loi reconnaît de principes opposés, chaque citoyen s'appuyant naturellement sur le principe le plus conforme à ses intérêts. Ainsi, sous le gouvernement de Juillet, la loi admettait deux principes opposés, de telle sorte que certaines fonctions se donnaient à la richesse et d'autres au mérite ; la nation fut forcément divisée en deux partis, les bourgeois et les libéraux. Aujourd'hui, les législateurs reconnaissent encore comme également justes deux principes contraires ; la nation se trouve par là même divisée par deux partis, les radicaux s'appuyant sur la souveraineté du nombre, et les libéraux sur la suprématie du mérite. Il ne pourra donc exister de la logique dans les esprits, de l'unité dans les choses de l'État et de l'accord entre les citoyens qu'autant que toutes les lois reposeront sur un seul et même principe fondamental.

Cette condition d'unité de principe est non moins indispensable pour assurer la stabilité des institutions. En effet, le gouvernement qui se fait par les Chambres et qui s'appuie sur l'armée ne peut avoir de stabilité que si l'accord existe entre les Chambres et l'armée; or cet accord n'est possible que si elles reposent sur le même principe. La longue durée de la puissance de la noblesse sur la bourgeoisie et le peuple s'explique par cette unité de principe. Dans l'ancien régime, dans toutes les institutions, la naissance primait le mérite, la richesse et le nombre. Les grades étant donnés à la naissance, les officiers se servaient naturellement de leur autorité pour défendre les priviléges de la noblesse. Il est bien évident que, si les grades avaient été donnés au mérite, l'armée n'aurait pas défendu ces priviléges dans la nation. De même, sous le gouvernement de Juillet, l'Assemblée nationale, étant basée sur la richesse, représentait les intérêts de la bourgeoisie, et l'armée, étant basée sur le mérite, représentait la nation entière; les officiers, parvenus par leur mérite, n'avaient aucune raison pour défendre les priviléges des bourgeois et des riches; cela explique pourquoi le gouvernement a croulé si rapidement en 1848. Aujourd'hui, les officiers n'ont pas plus d'intérêt à protéger les priviléges du peuple que ceux de la noblesse ou de la bourgeoisie; et pourquoi défendraient-ils le principe de la souveraineté du nombre, sachant qu'une des conséquences de l'application de ce principe serait de faire donner les grades à l'élection? Les radicaux comprennent bien que leur système n'aurait de stabilité que le jour où, les armées permanentes étant supprimées, les officiers seraient élus par les milices. L'expérience qui a été faite devant l'ennemi de ce mode d'élection après le 4 septembre par plusieurs régiments devrait cependant enlever toutes leurs illusions à ceux qui croient encore à la possibilité du radicalisme. Les libéraux doivent ne pas être moins logiques que les radicaux, et s'ils veulent réglementer le suffrage universel et faire défendre par l'armée la réforme électorale et les lois constitutionnelles, ils doivent les baser sur les règles de justice dans l'égalité sur lesquelles repose notre esprit militaire.

Si les lois constitutionnelles étaient basées non plus sur la richesse ni sur le nombre, mais bien sur le mérite, le même ordre régnerait dans la nation et dans l'armée, et notre constitution serait conforme à notre esprit national, car notre esprit national, c'est notre esprit militaire.

J'ignore par quels arguments il serait possible de défendre à la tribune les propositions suivantes :

« DANS L'ARMÉE, AFIN DE MAINTENIR LE RESPECT DE L'AUTORITÉ, LA SOUVERAINETÉ RÉSIDE DANS LA LOI, LE MÉRITE PRIME LE NOMBRE, ET LA HIÉRARCHIE EST OBSERVÉE. *Dans la nation, la souveraineté devra résider dans le peuple, le nombre devra primer le mérite, et aucune hiérarchie ne devra être observée.*

DANS L'ARMÉE, AUCUNE DISTINCTION N'EST BASÉE SUR LA RICHESSE ; AUTREMENT LES MILITAIRES SANS FORTUNE SERAIENT VEXÉS PAR LA LOI ET LA DISCIPLINE IMPOSSIBLE. *Dans la nation, certaines fonctions devront être données à la richesse, car le patriotisme de tout citoyen et l'intérêt qu'il peut avoir à la prospérité de l'État sont proportionnels aux écus qu'il possède.*

DANS L'ARMÉE, LA LOI NE FAIT AUCUNE DISTINCTION BASÉE SUR LES OPINIONS POLITIQUES; SANS CELA LES MILITAIRES DONT ON OPPRIMERAIT LE PARTI SERAIENT PRÊTS A LA RÉVOLTE ET LA DISCIPLINE IMPOSSIBLE. *Dans la nation, le Gouvernement devra combattre les hommes dont les opinions diffèrent de la sienne, casser les maires et fonctionnaires, fussent-ils les plus honnêtes et les plus intelligents, et mettre ainsi des millions de citoyens hors la loi, afin d'exercer une pression et une intimidation suffisantes sur les électeurs, dont le plus grand nombre devra être incapable de raisonner ses votes.*

DANS L'ARMÉE, IL N'EXISTE AUCUNE RIVALITÉ ENTRE LES CLASSES SOCIALES, PARCE QUE LA LOI NE DONNE AUCUN PRIVILÉGE NI A LA NAISSANCE, NI A LA RICHESSE, NI AU NOMBRE. *Dans la nation, certaines fonctions étant données au nombre, c'est-à-dire au peuple, afin de rétablir l'équilibre social, d'autres fonctions devront être données à la richesse et aux emplois élevés, c'est-à-dire à la bourgeoisie. Si la Chambre des députés représentait ainsi les intérêts du peuple et le Sénat ceux de la bourgeoisie, ces deux assemblées, ayant à défendre les intérêts contraires de deux classes hostiles, s'entendraient pour le mieux, et l'harmonie régnerait entre elles.*

DANS L'ARMÉE, LA LOI A UNE ÉGALE CONFIANCE DANS TOUTES LES PARTIES DE LA SOCIÉTÉ, CAR, AFIN D'OBTENIR L'ÉLÉVATION DES IDÉES ET LE DÉVOUEMENT DE TOUS, IL FAUT AVOIR CONFIANCE DANS TOUS. *Dans la nation, on devra préférer le suffrage universel au suffrage restreint d'après la compétence de chacun; car le Gouvernement ne doit avoir que de la suspicion à l'égard des hommes exerçant les professions qui ont eu à souffrir dans leurs intérêts ou dans leur amour-propre sous les régimes antérieurs.*

LA FRANCE S'ÉPUISE PARCE QU'ELLE NE PEUT COMPTER SUR AUCUNE STABILITÉ. CETTE STABILITÉ NE POURRA EXISTER QUE LORSQUE L'ARMÉE AURA INTÉRÊT A DÉFENDRE LA CONSTITUTION; *donc les lois constitutionnelles devront être basées sur les principes et les règles les plus contraires à notre esprit militair e.*

Certes, ces propositions me semblent trop insensées, et je me refuse à croire qu'elles seront votées par l'Assemblée nationale.

Je n'ai pas parlé jusqu'ici du principe de la souverai-

neté royale, parce que ce principe n'est plus en discussion ;
M. le comte de Chambord ne reconnaît qu'une seule souveraineté, celle de la loi. « ON A FEINT DE COMPRENDRE
QUE JE PLAÇAIS LE POUVOIR ROYAL AU-DESSUS DES LOIS...
NON... » (*Manifeste du 2 juillet* 1874.) Et je trouve que
c'est mal défendre la cause de ce prince que de répéter
que la France a été faite grande par les Bourbons et qu'elle
ne pourra reconquérir sa prospérité qu'en revenant à ses
anciens maîtres. Ces paroles, trop redites, font craindre à la
nation que le parti légitimiste veuille lui imposer des institutions dont elle ne veut plus ; car, enfin, si la France fut
grande dans les siècles passés, ce n'est pas uniquement parce
que les Bourbons étaient sur le trône, mais bien surtout
à cause des lois qui la régissaient. Or ces lois ont été ren-
versées par la Révolution, et le pays n'en veut plus. Jadis la
souveraineté résidait dans la volonté de l'aîné de la famille
royale, que la nation entière entourait de son respect et de
son affection, la classe dominante était la noblesse ; aujour-
d'hui toutes ces choses ne sont plus, et c'est faussement
raisonner que de chercher dans les traditions du passé des
garanties pour l'avenir, puisque, dans l'esprit de tous, ces
traditions ne sont plus possibles. Quand bien même l'Assemblée rappellerait Henri V, la nation n'aurait pour son
roi ni le respect ni l'affection nécessaires ; ce sont là des
choses qu'on ne décrète pas. Dans ses préjugés, le peuple
considère ce prince comme représentant les priviléges de
la noblesse, et il répondrait sans doute à son avénement au
trône par des élections radicales. La situation du roi serait
alors d'autant plus critique que des divisions terribles
pourraient se faire dans l'armée ; car, à toutes les causes
de division qui existent déjà, viendrait s'en joindre une
autre très-grande, celle du drapeau.

Ah ! que ceux qui ont à défendre la cause du roi se

gardent bien d'effrayer la nation en faisant l'éloge des institutions de l'ancien régime, car elle ne veut plus de ces institutions ; qu'ils ne symbolisent pas dans leur prince les regrets du passé, mais bien, au contraire, les aspirations de l'avenir ; qu'ils n'aient pas que des anathèmes pour notre Révolution. Certes, il faut honnir et combattre cette Révolution sinistre et sanglante, où la spoliation se nomme fraternité ; la licence et l'anarchie, liberté ; la négation de tous les droits acquis, de tous les mérites, égalité ; l'égalité de l'homme le plus vil avec le plus vertueux. Mais il faut glorifier et défendre la Révolution juste et sublime, où l'observance de la doctrine chrétienne s'appelle fraternité ; la garantie des droits et le respect des lois, liberté ; et la justice égale pour tous, égalité ; l'égalité devant la loi des hommes comme devant la loi de Dieu ; à chacun selon ses œuvres.

Aujourd'hui, la lutte doit être entre ces deux Révolutions, l'une basée sur le nombre et les passions, l'autre sur le mérite et les vertus. Le nombre ne peut donner que l'anarchie avec la république radicale, ou le despotisme avec l'empire. Un collége électoral basé sur le mérite ne pourrait, au contraire, que donner l'ordre et la liberté avec une république modérée ou bien avec la monarchie constitutionnelle.

Le rôle du parti royaliste me semble tracé par les paroles mêmes du prince : « JE NE VEUX ÊTRE LE ROI NI D'UNE CLASSE NI D'UN PARTI, MAIS LE ROI DE TOUS. LE MÉRITE ET LES SERVICES SERONT LES SEULES DISTINCTIONS A MES YEUX. » C'est bien là la véritable égalité entre les citoyens, l'égalité entre les partis, l'égalité entre les classes sociales ; tout l'esprit moderne de la France se résume dans cette égalité. Que dès maintenant le parti royaliste se mette à la tête de tous les hommes d'ordre qui veulent cette égalité ; qu'il résume en lui non pas les espérances d'une caste, mais bien celles de la nation entière ; qu'il oppose le mérite au nombre ; et, s'il était assez puissant dans l'Assemblée pour faire réglementer le suffrage universel d'après la compétence de chacun, en établissant l'égalité entre les classes sociales, un collége électoral ainsi formé donnerait probablement le pouvoir au parti qui aurait su se mettre à sa tête et qui lui assurerait des garanties pour ses droits et ses libertés.

Ces garanties sembleront-elles plus grandes dans la République modérée ou bien dans l'hérédité royale, qu'il ne faut pas confondre avec la souveraineté royale ? Peut-être la nation préférera-t-elle le gouvernement républicain, car rien n'est beau, en théorie, comme la République, rien n'est plus juste pour un peuple que de donner le pouvoir au plus digne. Mais l'expérience démontre que le pouvoir tombe fatalement aux mains non pas de l'homme le plus digne, mais bien du plus fort, c'est-à-dire du chef des armées ; c'est là une loi presque générale pour toutes les républiques, excepté toutefois dans les pays neutres, comme la Suisse, sans influence militaire. Je crois, quant à moi, que la véritable garantie pour nos libertés n'est pas dans la République, qui aboutirait fatalement à une dictature militaire, surtout avec la force armée qu'exige l'état actuel de l'Europe, mais bien dans l'hérédité royale. Cependant, je suis convaincu que l'avénement de Henri V, dans les circonstances actuelles, serait un malheur trèsgrand : il n'aurait pas dans la nation une force suffisante pour dominer nos divisions et pour faire dans nos lois les réformes nécessaires. Le maréchal de Mac Mahon peut seul donner à la Chambre l'appui de l'armée pour faire ces réformes ; et dans quelques années, si le pouvoir dépendait d'un collége électoral suffisamment intelligent pour que la raison dominât les préjugés, représentant la nation entière et non plus en majorité le peuple, alors peut-être, par un noble sentiment d'orgueil dans le passé et d'espoir dans l'avenir, la France tendrait-elle la main au descendant de ses rois, au chef d'une famille illustre, pour lui proposer un pacte basé sur le respect des lois, et le prince a le cœur assez haut placé pour sentir, ce jour-là, qu'il est une chose plus grande que l'attachement à ses traditions et à son drapeau : le sacrifice.

Mais abandonnons la région des rêves et revenons à la réalité.

Jusqu'à ce jour, il a été impossible aux conservateurs libéraux de s'entendre, et c'est en vain qu'ils ont essayé de baser sur le principe de la souveraineté du nombre une constitution libérale. C'est un problème insoluble, puisque ce principe est la base même du radicalisme. Ils savent bien qu'une constitution quelconque, basée sur le nombre, ne pourra donner que le despotisme ou l'anarchie, et assurer le triomphe de leurs ennemis politiques. L'union des conservateurs libéraux ne peut se faire qu'avec un principe conservateur et libéral. Or, le principe essentiellement libéral est celui de la suprématie de l'intelligence et du mérite, et c'est aussi en France le principe conservateur par excellence. Lui seul en effet a *conservé* la stabilité des institutions auxquelles il sert de base, et de tous les régimes qui se sont succédé, il ne reste debout que les institutions basées sur le mérite, qui, seules aujourd'hui, soutiennent l'édifice national. C'est donc autour de ce principe que les conservateurs libéraux doivent se rallier, et c'est lui qu'ils doivent faire triompher.

Mais, disent les radicaux, l'Assemblée nationale est issue du suffrage universel, elle n'a pas le droit de le modifier, elle repose sur le principe de la souveraineté du nombre,

elle ne peut pas toucher à son principe fondamental. C'est
là un argument beaucoup plus spécieux que réel ; et à qui
fera-t-on croire que les électeurs des députés de la droite
et d'une partie de la gauche pensaient leur donner comme
mandat de défendre le suffrage universel et la souveraineté du nombre qu'ils avaient combattus dans leurs écrits
et par leurs actions ? Non, telle n'était pas alors la volonté
de la nation. Il en est des peuples comme des hommes,
c'est dans les jours de douleur suprême que la vérité s'impose à la conscience, et si, au lendemain de nos désastres,
le pays a confié ses destinées à une majorité libérale et non
pas aux radicaux, c'est que notre salut doit être dans le
libéralisme. Lorsque la nation nommait ses députés, elle
ne leur donnait qu'un seul mandat, de rechercher la cause
de nos révolutions et de nos désastres, d'y porter remède,
de reconnaître quels sont les principes justes sur lesquels
devront être basées nos lois, et de faire une législation qui
assure la grandeur et la prospérité de la France. Tel est le
devoir de l'Assemblée nationale, et lorsqu'elle aura décidé
quel doit être l'ensemble des principes, des règlements et
des pénalités qui sont nécessaires pour assurer cette prospérité et cette grandeur, cet ensemble sera LA LOI, et c'est
dans cette loi seule que devra être la souveraineté.

On ne peut trop présumer à quel parti un collége électoral basé sur le suffrage restreint, d'après le mérite et la
compétence de chacun, donnerait le pouvoir, c'est là une
question secondaire pour tous ceux chez qui l'esprit de
parti n'a pas tué le patriotisme. Le grand problème, c'est
la perfection des lois, et non pas le nom de celui qui sera
chargé de les faire exécuter ; car avec les mêmes institutions, les hommes sont obligés de gouverner par les mêmes
procédés ; nous voyons aujourd'hui ceux qui ont le plus
attaqué le gouvernement impérial employer exactement

les mêmes moyens de despotisme ; et aussi longtemps que les législateurs reconnaîtront la souveraineté du nombre et que le parti logique avec la loi sera le parti radical, tout gouvernement conservateur devra lutter par les mêmes moyens contre l'application du principe fondamental de la loi, tant il est vrai qu'avec le suffrage universel toute idée libérale et décentralisatrice est impossible. Nos luttes politiques sont surtout des luttes sociales, et si la loi avantageait encore dans l'avenir une classe de la société au détriment des autres, il est probable que cette classe rappellerait au pouvoir le chef de la maison souveraine sous laquelle elle était privilégiée. Si de nouveau les droits politiques étaient donnés à la naissance, la noblesse replacerait sans doute Henri V sur le trône de ses aïeux. Si les législateurs rétablissaient le régime censitaire, M. le comte de Paris serait probablement l'élu de la bourgeoisie ; de même, si le suffrage universel n'est pas modifié, il est presque certain que le peuple rappellera le prince impérial, à moins toutefois qu'il ne se laisse entraîner par les séductions du radicalisme. Mais si la loi n'avantageait ni la noblesse, ni la bourgeoisie, ni le peuple, en ne donnant aucun privilége ni à la naissance, ni à la richesse, ni au nombre ; si le pouvoir n'était plus aux mains d'une seule classe sociale, tous les citoyens prenant aux affaires publiques la part que comportent leur intelligence et leur mérite ; si la loi faisait disparaître l'acharnement des partis en ne tenant plus aucun compte des opinions politiques ; si le collége électoral ne comprenait plus que des travailleurs exerçant honorablement une profession honorable, suffisamment instruits pour choisir les députés capables d'assurer la prospérité dans leurs propres affaires et dans celles de l'État, après les sept années du pouvoir du maréchal, le calme se serait fait dans les esprits, la raison dominerait les passions, la logique, l'unité, l'harmonie régneraient dans les choses de l'État, et les députés élus dans de semblables conditions sauraient certainement donner à la France la forme de gouvernement qui lui conviendrait le mieux pour assurer la sécurité à l'intérieur et des alliances à l'étranger.

Si la question était posée devant l'Assemblée nationale entre la souveraineté du peuple et la souveraineté de la loi, entre le nombre et le mérite, entre le radicalisme et le libéralisme, certainement le principe libéral rallierait une majorité réelle, car il est juste, raisonnable, chrétien et français ; puis, si la loi opposait aux passions et aux haines toutes les forces vives de la nation, toutes les intelligences, tous les mérites, toutes les hiérarchies, les grands corps de l'État, l'armée surtout, si l'égalité existait entre les classes sociales, si l'autorité était affermie dans la loi seule, alors la Révolution serait accomplie et l'avenir assuré.

PARIS. — TYPOGRAPHIE DE E. PLON ET Cie, 8, RUE GARANCIÈRE.